Gerd Groß

Domestizierte Sehnsucht

Bilder aus dem Depot
in drei Räumen

Gerd Groß

Domestizierte Sehnsucht

Bilder aus dem Depot
in drei Räumen

Bibliografische Information der Deutschen Nationalbibliothek:
Die Deutsche Nationalbibliothek verzeichnet diese Publikation in der
Deutschen Nationalbibliografie; detaillierte bibliografische Daten sind
im Internet über http://dnb.dnb.de abrufbar.

Herstellung und Verlag: BoD – Books on Demand, Norderstedt

ISBN: 978-3-75346497-8

Inhalt

1. Raum

Auszeit

4 Sätze über eine Straße nach Bug

1. Satz

Wer,
von der Stadt kommend,
die in den weißen Himmel des Sommers
wie auf eine Netzhaut
eingebrannte Silhouette Bambergs
hinter sich lässt,

schließlich
vom Kunigundendamm rechts
zur Schleuse abbiegt,
erreicht nach der Schleusenkammer
eine enge,
kurvige Straße,

die so eigentümlich unbestimmt
ist wie der unermessliche Raum
der Ferientage,
die wir Kinder stets
am Wohnort verbrachten,

an dem während des übrigen Jahres
alles seinen Namen,
seine Funktion hatte,
schwarz auf weiß
in den Karten und Büchern
verzeichnet,

die wir am letzten Schultag,
ein weißer Pfeil
zeigte von der Straßenseite des Schulgebäudes
nach unten in einen Raum
in dem gewölbeartigen Keller
zu bringen hatten,

in dem das Lachen
so hohl klingt,

dass alles vorstellbar ist.

2. Satz

Einen Bogen nach Süden
beschreibt die Straße nach der Schleuse
und erinnert der hellen Betonplatten wegen,
die zunächst den Straßenbelag bilden,
an die Flurstraßen des Umlands,

a walk of fame,
an heißen Sommertagen,

wenn wir Kinder, die jenseits wohnten
von Berg- und Inselstadt,
Füße und Hände
in den weichen Teer drückten,
mit dem die Fugen
zwischen den Platten ausgegossen waren,

diese Straße verließen,
um in den rissigen Tälern
der Rinden hoher Pappeln, die einen längst
aufgelassenen Sportplatz umstanden,

Ausschau hielten nach Hirschkäfern,
die auf wunderliche Weise und schweren Flugs
die alten Eichenbestände und das Totholz
des Luisen- und Theresienhains verließen,
wobei diese Haingebiete
in der Nachkriegszeit durch einen Holzsteg
mit dem östlichen Ufer
des rechten Regnitzarms verbunden waren,
für dessen Überquerung 5 Pfennige
Brückenzoll zu entrichten waren,

als ob die engen Immunitäten
noch immer in der Stadt
und nicht nur unseren Köpfen existierten,

vielleicht,
um sich in dem Oval der Pappeln
von den Paarungskämpfen zu erholen,
zu denen sie nur selten
noch einmal animiert werden konnten.

3. Satz

Parallel zur Straße,
deren Betonplatten schließlich
von einer dunklen Asphaltdecke abgelöst werden
vor einer scharfen Rechtskurve,
der sofort eine rechtwinklige Linkskurve folgt,
was wie Hohn wirkt
angesichts dieser begriffs- und baumlosen Fläche,
eingespannt zwischen Donau-Main-Kanal
und einem Rad- und Fußweg,
der zur Regnitz hin, die sich hier teilt,
zu einer großen Wiese,
einem Grasland, einem Indianerland,

gleichsam einem Ziel abfällt,
das einen aufatmen lässt,

dem Lieblingsplatz
meiner beiden verstorbenen Brüder,
zum Fluss hin, unserem Otsego-See,

begrenzt von einer Reihe turmhoher Pappeln,
die sich sommers in einem stetigen Gespräch
mit dem Wind befinden,
und im Winter
mit den morschen Ästen
Sommergeschichten werfen
in das gefrorene Gras,

verläuft der schmale geteerte Fuß- und
Fahrradweg,
eng bepflanzt mit zwei Lindenreihen,
deren Wurzeln den Asphalt
stellenweise angehoben
und aufgebrochen haben
und immer weiter
an ihrem Vorhaben arbeiten,

so dass mit fortschreitender Dämmerung
der Weg von unserem Grasland
zurück in die Stadt
immer beschwerlicher wurde,

zumal zwischen den eng stehenden Bäumen
es nicht unwahrscheinlich war,
dem Erlkönig zu begegnen,
der unerkannt und ohne Brückenzoll zu verrichten
alle Flüsse überquert,

und dessen Namen auszusprechen
einer Mutprobe gleichkam,

der Erlkönig,
der sich der Nacht zu bedienen wusste,
so dass wir gezwungen waren,
ihn mit Stockschlägen auf die Haut der Bäume
und mit lauten Rufen von uns fern zu halten,
was nur scheinbar gelang.

4. Satz

Jahre danach,
in der Mittagshitze eines Augusttages
fuhr ich, von Bug kommend,
mit dem Auto auf der „Galgenfuhr",

längst hatte ich auf einer Karte
den Namen der Straße ausgemacht,
längst waren die weißen Pfeile
überstrichen oder abgeschlagen worden,
so dass man nur noch selten im Alltag
auf kürzlich vergangenes Unheil stoßen wird,

es sei denn, man weiß
um die Gebäude,
an denen, knapp über dem Boden,
noch Höhenmarken
mit Hakenkreuzen zu finden sind,
die einen erschauern lassen,

Richtung Stadt,
um ein Versprechen einzulösen,
das ich der Leiterin eines Waisenhauses gab,
nachdem sie mich notdürftig verarztet hatte,

weil mir die Firststange einer Schaukel,
ein Geschenk von GIs der Warner Barracks
an das Waisenhaus in Pettstadt,
bei der Erstürmung des Spielgerätes,
seitens der Kinder
vor dem endgültigen Festziehen
der Schrauben meinerseits,
wegen ihrer nicht zu bändigenden Vorfreude,
auf den Kopf gefallen war,
wodurch Schlimmeres vermieden wurde,

möglichst schnell ein Krankenhaus
aufzusuchen, was verhindert wurde
durch einen roten Getränkelaster,
der in besagter rechtwinkliger Kurve,
in Sichtweite zum Indianerland,
zum Otsego-See Lederstrumpfs
umgekippt war,

kistenweise zerbarsten Coca-Colaflaschen,
wodurch das Passieren der Unfallstelle
sich deutlich verzögerte,
so dass ich erst am späten Nachmittag
im Krankenhaus ankam,

wo festgestellt wurde,
dass die Kopfwunde genäht werden muss,
und deshalb eine Krankenschwester,

die einem barmherzigen Orden angehörte,
beauftragt wurde,
mir Haare abzuschneiden
und die betreffende Stelle am Kopf zu rasieren,

die an meinem Haar wohl Gefallen fand,
so dass sie mich fragte,
ob sie mehr Haare als nötig abnehmen dürfte,
um einen Rauschgoldengel
mit ihm auszustaffieren,

was ich bejahte,
weil mir der Gedanke
selbst heute noch angenehm ist,
einen Teil von mir
in einer dunklen, stillen
Krankenhauskapelle zu wissen

noch dazu auf dem Haupt
eines Engels,
dessen glänzendes Staniolpapier,
blau, rot
oder gar golden schimmert,

wenn es nur
von einem winzigen Lichtstrahl
berührt wird.

2. Raum

OK

Beziehungsbilder

Oft nehme ich diesen Weg in die Stadt.

Abbiegen vom Berliner Ring nach rechts, fahren auf einer geraden, vierspurigen Straße, Augenblicke ohne Vorzeichen.

Sekundengenuss.

Ich folge einem leichten Schwung, dann einem Bogen.

Zwei Spuren führen schließlich über die Eisenbahnbrücke in Rufweite des Bahnhofs.

Manchmal lasse ich mich begleiten von Erinnerungen an die blaugrüne Eisenkonstruktion der Vorgängerbrücke, an den Rauch und den Dampf, der zittert, wenn er über die Fahrdrähte streicht auf seinem Weg nach oben, warte auf das Näherkommen der drei weißen Lichter des Spitzensignals einer Lokomotive, auf das langsame Verglimmen des roten Lichts der Schlusslaterne eines Zuges, an den Geschmack von Ruß und Kohlenstaub auf der Zunge.

Der Signalpfiff eines abfahrenden Zuges lang in meinem Ohr.

Auf dem Scheitelpunkt der Brücke hätte ich die Wahl, geradeaus hinauf zur Altenburg zu schauen, die in einem Nest aus Laubbäumen sitzt, oder halbrechts durch eine Lücke in einer Reihe von Mietshäusern zum ehemaligen Kloster Michaelsberg zu blicken, das vor dem Prospekt des östlichen Ausläufers des Michelsberger Waldes thront, der hier zur Regnitz hin abfällt.

Seit einigen Wochen aber, wenn der Verkehr es zulässt, sehe ich hier OK.

Er steht auf dem höchsten Punkt der Brücke, schaut zu mir, bückt sich, um in mein Gesicht sehen zu können, richtet sich auf, geht ein paar Schritte neben dem Auto her, biegt dann nach rechts ab und verschwindet wortlos.

Was will er von mir?

Wir waren nie gemeinsam hier, standen nie nebeneinander und schauten gemeinsam auf das Bahnhofsvorfeld.

Weder auf der Vorgängerbrücke noch auf der heutigen.

Vermutlich hätte es mich gefreut, damals.

Aber er steht jetzt auf der Brücke.

Immer wenn ich in die Stadt fahre auf diesem Weg.

So viele Jahre nach seinem Tod.

Diese Nachdrücklichkeit passt nicht zu meinem Bild von ihm.

Er war ein Mensch, der sich abwendet, wegtaucht in Tätigkeiten, die keiner der Bekannten oder Verwandten pflegte, wenn er seine Alltagspflichten erledigt hatte.

Nur selten wurde über ihn gesprochen.

Und er ging jedem Gespräch aus dem Weg.

Sein Siechtum, seinen Tod habe ich nicht miterlebt.

Mir wurden seine letzten Jahre nur mitgeteilt. Nebenbei und emotionslos.

So, als ob es nichts darüber zu erzählen gäbe.

Oder dass es gut wäre, seine letzten Jahre zu vergessen.

Es konnte niemand wissen, dass ich ihn für einige Jahre zu einem stummen Vertrauten gemacht hatte, meinem Gegenüber bei Selbstgesprächen.

Ich könnte auch auf einem anderen Weg in die Stadt fahren.

Ja, ich weiß.

„So hängt also das Bild *Drei Frauen mit Winterastern* an der Ostwand der Seele, in Augenhöhe", lässt Gerhard Meier seine Hauptfigur Baur zu seinem Freund Bindschädler sagen, bereits auf den ersten Seiten der „Toteninsel", dem ersten Buch der „Amrainer Tetralogie". Die drei Frauen sind Schwestern von Baur, die das elterliche Grab in Amrain am Tag vor Allerheiligen besuchen. Baur gefällt sich immer wieder als „Galerist mit Grillen im Kopf ", der an die Wände seiner Seele Bilder hängt, die nach seinem Geschmack sind. Erinnerungsbilder finden in seiner Seelengalerie genauso Platz wie Bilder von bekannten und unbekannten Künstlern. Picassos „Frau mit Huhn" erwähnt Meier immer wieder.

Vor dem Gasherd in der Küche steht OK.

Er ist ein großer, hagerer Mann.

Er steht aufrecht, nur seinen Kopf hält er leicht gebeugt.

Fünf Grüne Heringe beobachtet er, fünf Heringe, die langsam in einer gusseisernen Pfanne im schwimmenden Fett braten.

Goldbraun glänzt die Panierung auf den Oberseiten der Fische.

OK hat seine Hände nicht hinter dem Rücken verschränkt wie ein Flaneur, der aufmerksam und ruhig etwas Neues erwartet.

Er hat sie nicht vor seiner Brust gefaltet, obwohl etwas Andächtiges in seiner Haltung zu sehen ist.

Er hat die Hände nicht lässig in seine Hosentaschen gesteckt, Gleichgültigkeit signalisierend.

Er lässt beide Arme hängen, die Mittelfinger berühren die Naht an den Hosenbeinen wie bei einer Habt-Acht-Stellung.

OK steht mit dem Rücken zu dem kleinen, quadratischen Küchentisch. Über den Tisch ist eine Wachstuchdecke gebreitet, auf der vier Teller stehen, daneben liegen 4 Messer und 4 Gabeln. Neben dem Teller von OK steht ein hohes Bierglas. In der Mitte des Tisches eine Schüssel mit Kartoffelsalat, eine etwas kleinere mit Gurkensalat.

Vier Stühle sind unter den Tisch geschoben.

Neben dem Stuhl von OK stehen auf dem Fußboden aus Stragula, das glänzend gebohnert ist, zwei ungeöffnete Bierflaschen. Wassertröpfchen haben sich auf den kellerkühlen Flaschen gebildet.

Wenn ich an OK denke, und das seit so langer Zeit, dass ich nicht sagen kann, ob es jemals anders war, sehe ich ihn zuerst immer in der Küche stehen, er hält den Kopf leicht geneigt und betrachtet die fünf Grünen Heringe.

Es muss ein Werktag gewesen sein, ein Werktag im Frühsommer, als sich diese Szene abspielte. Ein Alltagsbild hat sich eingenistet und ist gleichsam zu einer Ikone geworden ist.

Nein, keine Ikone. Ich kann in dem Bild nicht verschwinden, mich verlieren, keine Grenzen aufheben.

Ich muss dieses Bild umdrehen, auf das Gesicht legen, wenn ich an andere Erinnerungen an OK kommen will.

Das Bild habe ich nicht ausgesucht, es hat sich aufgedrängt.

Es ist nicht wie andere irgendwann abgesunken in einen der dunklen Räume der Depots, der Reusen in der Seele, über die ich keine Schlüsselgewalt habe.

Ich bin mir sicher, dass auch Bilder in diese unbestimmbaren Räume gelangen von Menschen aus Zufallsbegegnungen, auch aus der Kunst, ohne dass es mir bewusst ist.

Manchmal zeigt sich eines dieser Bilder in einem Traum oder erscheint als unerwartete Assoziation.

Ich muss mit ihnen leben wie mit meiner Nasenpartie, die wie aus dem Gesicht meiner Mutter geschnitten zu sein scheint.

Ich habe von Kindern gelesen, die traumatisiert wurden durch Bombenangriffe der deutschen Luftwaffe im 2.Weltkrieg auf Städte Südenglands, vor allem auf London.

Psychologen, die sie von ihren Traumata befreien sollten, haben festgestellt, dass manche dieser jungen Menschen zum Zeitpunkt der Bombardierungen gar nicht in ihren Heimatstädten wohnten, weil sie längst in sichere Kinderheime im Norden Englands gebracht worden waren.

Zeitgenossenschaft, Anteilnahme, auf sich bezogenes mögliches Unheil können zu diesen Traumatisierungen geführt haben.

Angenommen, ich stelle mich hinter OK, der neben dem gedeckten Küchentisch steht und darauf wartet, dass die Gasflamme unter der Pfanne mit den Heringen gelöscht werden kann, sehe ich – wie er – den Herd, die Pfanne auf der linken vorderen Flamme, den Esstisch, den Fußboden.

Drehe ich den Kopf weiter nach links, sehe ich die Küchentür. Eng vor ihr, so dass man die Tür nicht ganz aufschlagen kann, steht ein Kanapee, dahinter, auf einem niedrigen, braunen Schränkchen, ein kleines Aquarium, und dahinter schließlich ein Vogelbauer aus Messing. Er hängt in einem Ring, der aus einem Messingstab gebogen wurde. Der Stab ist am Fußende in eine schwere Eisenplatte geschraubt.

Hinter dem Vogelkäfig befindet sich die Balkontür, in deren oberen Hälfte ein Fenster eingelassen ist. Vor diesem Fenster sind gemusterte Spannvorhänge angebracht, die nur gedämpftes Licht in den Küchenraum lassen.

Schaue ich nach rechts, sehe ich aber nur eine weiße Wand.

Drehe ich mich um, sehe ich ebenfalls nur eine weiße Wand neben der Balkontür.

Wo sind Geschirrschrank, Spülbecken, Handtuchhalter?

Ein unfertiges Bild.

Ein Bild, auf dem manches gelöscht wurde.

Ein Schnappschuss, der sich auf das Wesentliche konzentriert.

Ich weiß es nicht. Ich weiß nicht, was die weißen Flächen bedeuten. Weiß nicht, ob sie überhaupt etwas bedeuten.

Wäre das Bild ein Foto, wären die weißen Flecken schwarz, weil das Bild unvollständig belichtet worden ist. Ein Materialfehler.

Ich war oft in der Wohnung von OK, aber immer nur in der Küche, dem Flur und dem WC. Einmal stand die Tür zum Wohnzimmer einen Spalt breit offen. Ich sah eine schwere mit Blumen und Blättern bestickte Tischdecke. Sie lag auf einem Tisch, dessen Beine in einem dunklen Braun gebeizt waren.

Die Toilette im Treppenhaus, mittig zwischen zwei Stockwerken gelegen, mussten sich zwei Mietparteien teilen. Ich besuchte das WC gerne wegen des schmalen, kaum zwei handbreiten Fensters, das meinen Blick bündelte, verdichtete, als ob er durch einen engen Trichter müsste.

Ich sah nur einen so kleinen Ausschnitt von der Außenwelt, dass es mir nicht immer gelang, diesem Ausschnitt die richtige Position im Bildganzen zu geben. Gleichzeitig schuf diese Fokussierung ein Rätsel, ein Spiel, das dem Zufallsfund einer roten, blauen oder grünen Glasscherbe ähnelte, die ich als Kind in die Hosentasche steckte, immer wieder herausholte, um durch das farbige Glas die Welt zu betrachten, deren Stimmung sich bei jedem Farbwechsel änderte.

Nach dem Mittagessen wird sich OK auf das Kanapee in der Küche legen.

Zuvor lässt er etwas Fischfutter auf die Oberfläche des Wassers im Aquarium rieseln.

Den Fischen beim Fressen zuzuschauen hilft ihm beim Einschlafen.

Nach der Mittagsruhe wird er die Balkontür öffnen und den Käfig näher zum Balkon schieben, damit der Stieglitz die frische Luft spürt und einige Minuten hinaus ins Freie schauen kann, hinauf zum Kloster Michaelsberg und den Bäumen des Michelsberger Waldes.

Der Vogel wird unruhig werden, immer schneller von Stängchen zu Stängchen hüpfen, ans Gitter springen und wieder zurück, hin und her, fremde Laute ausstoßen, sich wieder ans Gitter drücken, kopfunter, kopfüber mit den Flügeln schlagen, das Gelb auf dem schwarzen Flügeltuch wird aufblitzen im Hinundaufundabundher, bis OK ein Einsehen hat, den Käfig zurückschiebt, die Balkontür schließt und das Sonnenlicht wieder zum hellen Nebel hinter dem Spannvorhang wird.

Immer häufiger mit dem Fortschreiten des Jahres hin zum Sommer, muss OK ein Tuch schon am Tag über den Käfig legen, das sonst in der Nacht dem Vogel zur Ruhe verhelfen soll, wenn das Küchenlicht eingeschaltet ist.

Das erste Bild, das ich mir gekauft habe, eine Reproduktion, ich war 18 und hatte OK schon fast aus den Augen verloren, war „Das karge Mahl", eine Radierung von Picasso aus dem Jahr 1904.

Auf einem schmalen, einfachen Holztisch liegt eine faltige Stoffdecke, wohl aus Leinen. Die Tischdecke ist so klein, dass am linken und rechten Tischrand das bloße Holz zu sehen ist. Auf der Decke stehen eine Flasche, zwei Gläser, eines leer, eines noch zu einem Drittel mit Wasser gefüllt, ein leerer Teller, ein Brotkanten, eine Brotkrume.

Hinter dem Tisch sitzen eine Frau und ein Mann, beide hager und groß, eng nebeneinander, so fällt es dem Mann leicht, seinen linken Arm um die Schulter der Frau zu legen. Seine langfingrige Hand berührt ihren Oberarm.

Der Ellenbogen ihres rechten Arms ist auf die Tischplatte gestützt. Sie hat ihr Kinn in die rechte Hand gelegt. Ruhig und nachdrücklich sieht sie dem Betrachter des Bildes in die Augen.

Mit seiner rechten Hand berührt der Mann ihren rechten Oberarm. Fast einen Kreis beschreiben so die Arme des Paars.

Der Mann, er ist blind, hat seinen Kopf nach rechts, also von seiner Frau abgewendet. Er schaut in ein Nichts. Ein Gegensatz zu seiner Körperhaltung.

Auf seinem Kopf sitzt eine schwarze Melone, die leicht über die Stirn geschoben ist. Ein Halstuch ist ihm keck um den Hals gebunden, wohl von ihr aus Lebenslust, einen Widerspruch zur Armut schaffend.

Zu diesem Widerspruch gehört auch ihre Liebe, Zuneigung, die Körperlichkeit ihrer Berührungen, die Sinnlichkeit.

Durch den schwarzen Hut und die dunklen Haare der Frau erscheint das Licht, das in einem großen Kreis über und um die Köpfe des Paares gelegt wurde, wie ein Heiligenschein.

Als ich diese Reproduktion von Picassos Radierung in einem Schaufenster des Kunstkontors Mayer zum ersten Mal sah, drängte sich das Bild von OK auf, wie er in der Küche steht, den Blick auf die Pfanne mit den fünf Heringen gerichtet.

OK ist allein auf dem Bild.

Nur der gedeckte Tisch verweist auf andere Menschen.

Die 4 Personen werden satt werden, ein einfaches Essen, aber kein karges Mahl.

Das Bild provoziert unterschiedliche Empfindungen.

Manchmal rieche ich die scharfen Ausdünstungen der neuen Wachstuchdecke, das Bohnerwachs, sehe Frauen auf den Knien das Stragula polieren.

Sehe dabei auch meine Mutter, mal mit Stolz, mal mit Scham, die sich mit Putzarbeiten eine Kleinigkeit verdiente, auf den Knien für Ordnung und Sauberkeit in Büroräumen oder in Privathaushalten sorgend.

Ein anderes Mal verstehe ich die Vorfreude von OK auf das Essen.

Finde den Geschmack des Kartoffel- und Gurkensalats auf meiner Zunge.

Manchmal denke ich einen Hunger, der nicht zu befriedigen ist, der immer wieder auftaucht, der zu einer Lebensangst geworden ist.

Dann und wann steigt Ekel hoch. Diese geordnete, saubere Enge, in der man kaum Luft bekommt. Dieses kleinmaschige Netz aus Regeln und Normen, von dem keiner weiß, wer es geknüpft hat und warum, oben zusammengeschnürt zu einem modrigen Sack.

Als einer meiner Brüder von zuhause auszog, um in einer anderen Stadt zu leben, bat er mich, „Das karge Mahl" von Picasso mitnehmen zu dürfen, das er gern betrachtete, wenn er mich in meinem Zimmer aufsuchte.

Ich vermute, dass er in dem Bild ein Liebesbild sah, ein Sehnsuchtsbild und nicht eine bloße Darstellung von Armut.

Ich habe es ihm überlassen, weil ich hoffte, es könnte helfen könnte, dass er sich an mich erinnert.

Vor einigen Jahrzehnten las ich bei W. G. Sebald von einem Maler, der in seinem riesigen Atelier in einem der vielen leerstehenden Gebäuden eines ehemaligen Industriegebietes einer englischen Stadt wochenlang an einem Gemälde saß, das er immer wieder übermalte, so dass unter der Staffelei ein Berg von dunklen, eingetrockneten Farben lag, der stetig wuchs.

Es blieb offen, ob die vielen Übermalungen nicht ausreichten, um die Inhalte, Schrecknisse des ersten, des untersten Bildes unsichtbar zu machen, oder ob der Maler noch nicht mit dem Ergebnis seiner Arbeit zufrieden war, es akzeptieren konnte, oder ob ihm nichts mehr gelingen wollte, weil er zu viel gesehen hatte und ihm nur noch die Geste des Malens geblieben ist.

Ich versuche, mich an die Stimme von OK zu erin-
nern.

Es gelingt nicht.

Obwohl er der einzige Erwachsene war, der mir je-
mals etwas vorgelesen hat, wenn es auch aus meinem
Sündenregister war.

Ich erinnere mich aber an sein Klarinettenspiel in einer Blaskapelle.

Er sitzt vorne, rechts vor dem Dirigenten, konzentriert, ernst, trotz des albernen Hütchens mit der flauschigen Feder auf dem Kopf, einem Teil der Uniform, zu der noch eine graue Jacke und Hose, grün sind die Revers eingefasst und die Nähte der Hose hervorgehoben, und ein weißes Hemd und eine grüne Krawatte gehören.

Ich höre seine Klarinette, diesen kehligen Klarinettenton, der in den tieferen Lagen das Gefühl vermittelt, dass etwas zurückgehalten wird, etwas Verschattetes, während bei den höheren Tönen eine Lust, ein Umkippen, ein Ausbrechen aus allen Regeln möglich erscheint.

Nach jedem Musikstück greifen die Musiker zu den Maßkrügen, die neben ihren Stühlen stehen.

Manchmal prosten sie mit ihnen dem Publikum zu.

OK besitzt zwei Klarinetten. Sie stehen im Flur neben der Garderobe. Die Instrumente sind über Holzkegel gestülpt, die auf einem Brett befestigt sind. Die Mundstücke werden geschützt durch silbern glänzende Metallhülsen.

An der Garderobe hängt über einem Bügel eine Lederjacke in einem dunklen Tannengrün. Eine schwere, große Jacke, zwei Pullover könnte man darunter anziehen und den Kragen hochstellen bis über die Ohren, wenn es kalt ist oder nicht mehr aufhören will zu regnen.

Wie ein Haus ist die Lederjacke, in dem alles seinen Platz hat, in der rechten Tasche die Zigaretten, das Feuerzeug, später die Schupftabakdose, in der linken Taschentuch und Taschenlampe, in den Innentaschen zwei Kugelschreiber, das Notizbuch und ein Geldbeutel.

So eine Jacke habe ich mir gewünscht.

Ich besitze ein Bild von OK in Wehrmachtsuniform, ein Porträt in Postkartengröße. Groß genug also, um es rahmen und einen Trauerflor über die linke untere Ecke ziehen zu können.

Auch mein Vater war Soldat.

Beide waren nicht in der NSDAP.

Sie mussten das nicht betonen.

Auch von meinem Vater besitze ich ein Foto, auf der er die Wehrmachtsuniform trägt, sieht man von den Hochzeitsfotos ab in Galauniform vor dem Hochaltar der Gangolfskirche.

Auf dem Kriegsfoto sitzt mein Vater an einen Baumstamm gelehnt. Er löffelt irgendetwas aus einer Konservendose. Neben ihm sind Teile der Hinterbeine und der Kruppe eines Pferdes zu erkennen. Lange Zeit habe ich in den Tierrudimenten Elefantenbeine gesehen, wohl wegen der Froschperspektive, aus der die Szene abgelichtet wurde.

Zwei Anekdoten hat mein Vater aus dem Krieg mitgebracht, die er immer wieder erzählte.

In der einen geht es um einen Hund, den die Soldaten abgerichtet hatten. Hielt man ihm eine Wurst vor die

Schnauze und sagte „Russki", verschmähte der Hund die Wurst. Auf das zugerufene „Germanski" hin nahm der Hund die Wurst und verschlang sie.

In der zweiten hat mein Vater ein Fass Bier organisiert. Bei der schnellen Fahrt zurück zu seiner Einheit knallte er in ein Schlagloch, das Fass wurde von der Rückbank nach vorn geworfen, wo es zwischen der Lehne des Fahrersitzes und seinem Rücken zu liegen kam, so dass er in dieser Stellung, stark nach vorn gebeugt, kaum noch lenken oder vernünftig sehen konnte. Erst im Lager wurde er aus dieser misslichen Position befreit.

Wenn die Anekdoten erzählt waren, lehnte sich mein Vater zurück, steckte beide Daumen in den Hosenbund und wartete auf das Lachen.

Wo sich das alles abgespielt hatte, sagte er nicht. Auf Fragen nannte er nur die Ländernamen Frankreich und Russland.

Dann ist da noch die zerschossene rechte Hand meines Vaters und das Wort „Kamerad".

Im Jahr 2015 hat Gerhard Richter vergrößerte Foto-
grafien, die Internierte in Auschwitz zeigen, übermalt
und 3 monumentale Bilder geschaffen, denen er kei-
nen Titel gab und deren Oberflächen nicht zu erken-
nen geben, dass sich unter der Farbe Bilder des Holo-
caust befinden.

Jeder, der sich für die Bilder interessiert, weiß das.

Dreimal ein Palimpsest, ein geplantes.

Mich erschreckt der Gedanke, dass ein Holocaust-Bild
als Leinwand benützt wird.

Eines Tages hat OK das Rauchen aufgegeben, wohl nicht wegen des Geldes oder um das schnelle Vergilben der Vorhänge zu verhindern.

Es hatte etwas zu tun mit dem Ritual des Schnupfvorgangs:

Die Schnupftabaksdose herausholen – sie öffnen – eine Brise nehmen, bei leicht geneigtem Kopf – dabei mit dem Zeigefinger auf die Unterseite des Döschens klopfen, dass langsam und dosiert der Tabak in die Vertiefung zwischen Daumen und Zeigefinger der linken Hand fallen kann – Dose schließen und einstecken – warten, ob man niesen muss – Taschentuch bereithalten – niesen – Nase putzen – usw.

Zwischenzeitlich konnte er überzeugend vergessen haben, was sein Gegenüber von ihm wissen wollte.

Von den Berufen, die ich mir als Kind und auch noch als Jugendlicher ausgedacht und gewünscht habe, hat einer die Zeit überdauert. Noch heute überlege ich ab und zu, was geworden wäre, wenn ich mir diesen Wunsch erfüllt hätte.

Bei diesem Beruf dachte ich weniger an bestimmte handwerkliche oder intellektuelle Fähigkeiten oder Fertigkeiten, sondern vielmehr an die Erfahrungen, die der Beruf des Straßenkehrers mir bereitstellt, und an die Freiheiten, die er mir bieten könnte.

Ich habe versucht, mir ein Bild zu machen von der körperlichen Verfasstheit und dem Gemütszustand eines Straßenkehrers vor, während und vor allem nach der täglichen Kehrarbeit.

Ich war mir sicher, dass es nicht nur möglich ist, nach der Arbeit meinen Schreibvorstellungen nachzukommen, sondern dass der Beruf des Straßenkehrers die mir vorschwebenden Schreibinhalte auch befördern würde.

Die fließenden Bewegungen mancher Straßenkehrer vermitteln den Eindruck von Eleganz, die im Widerspruch zu der subalternen Tätigkeit stehen.

Diese Eleganz machte auch die zerschlissene und dürftige Arbeitskleidung eines Straßenkehrers vergessen.

Zur effektiven Technik des Kehrens gehört, die Straße in gedachte Arbeitsquadrate einzuteilen, die dem Kehrradius (das Eineinhalbfache der Armlänge plus Besenlänge) des Arbeiters entsprechen.

Es ist immer von der Hauswand weg in Richtung Rinnstein zu kehren, wo dann der Schmutz mithilfe einer mitgeführten breiten Schaufel aufgenommen und in den zweirädrigen Karren zu werfen ist.

Bevor der Karren ein paar Meter weiter geschoben werden kann, ist ein Blick auf die Fahrbahn nötig, um die groben Verunreinigungen (vor allem in den Gärtnervierteln), die durch Pferdeäpfel und Kuhfladen entstanden sind, zu sehen und zu entfernen.

Dazu muss der Besen umgedreht werden, denn am Stielende befindet sich ein spachtelähnliches Metallteil, mit dessen Hilfe die Tierexkremente aus den Fugen des Granit- oder Basaltpflasters zu kratzen sind.

Die rhythmisierte Arbeit ermöglicht ein langsames Gehen, fast ein Spazieren zu allen vier Jahreszeiten, bei jedem Wetter, bei unterschiedlichem Licht und damit in unterschiedlichen Stimmungen.

Die Arbeit führt mich vorbei an repräsentativen Häusern in der Innenstadt, vorbei an den niedrigen Häusern mit den großen doppelflügeligen Türen in der Gärtnerstadt, vorbei an den Gründerzeitvillen durch die Alleen im Haingebiet, vorbei an einfachsten Wohnhäusern, die schnell in der Nachkriegszeit hochgezogen wurden, vorbei an Baracken, vor deren Bewohnern, den Barackern, gewarnt wurde, nicht zuletzt durch den Hinweis, dass mangelnder schulischer Fleiß und mangelnde Ordnung und Sauberkeit einen in eben diese Gegend nahe des Schlachthofs führen würden.

Auch den atmosphärischen Veränderungen im Verlauf eines Tages, zwischen den Stoßzeiten mit all den Menschen, die zu ihrem Arbeitsplatz eilen und der gähnenden Leere zur Mittagszeit an einem heißen Sommertag, hätte ich nachspüren können.

Nachdem für den Straßenkehrer der Dienst in aller Herrgottsfrühe beginnt, endet er auch fast immer mit dem Mittagsläuten, so dass Zeit bleibt, am Nachmittag und am Abend an einem kleinen Küchentisch, wenn möglich mit Blick auf eine Kastanie oder Linde, zu sitzen und das Erlebte zu notieren, zu sichten, zu bearbeiten und zu rekapitulieren, worauf am nächsten Arbeitstag besonders zu achten ist.

Mir ist klar, dass diese Art des Straßenkehrens längst abgelöst wurde von Männern in wasserfester, imprägnierter, reißfester, signalroter oder signalgelber Arbeitskleidung, womöglich noch mit fluoreszierenden Streifen um Oberarme und Unterschenkel, die motorisierte, wendige, laute Kehrmaschinen besteigen und die Gehsteige mit feuchten rotierenden Besen reinigen.

Aber ich hätte wohl vorher in den Ruhestand gehen können, gleichsam am Rand einer Zeit, in der das Gehen, Flanieren noch möglich war. Und ich hätte noch mehr Zeit und Aufmerksamkeit den Skizzen, Notaten widmen können, um schließlich ein facettenreiches Bild von Menschen meiner Zeit zu gestalten, Schritt für Schritt und immer mit dem Wissen, dass die Geheimnisse größer werden, je mehr man weiß, denn die rätselhafte Kunst dringt weit ins Unbekannte vor, gerade dann, wenn sie sich dem Unscheinbaren widmet.

Niemand wusste von diesem Berufswunsch.

Er war nicht mitteilbar.

Manchmal stellte ich mir vor, dass OK als Gasableser, die eine oder andere Ergänzung oder Relativierung zu meinen Beobachtungen hätte liefern können.

Deshalb spielte ich auch kurz mit dem Gedanken, mich einige Zeit als Gasableser zu versuchen. Aber ich vermutete, dass ich dann nicht mehr so leicht bestimmen könnte, wie nahe ans Herz mir die beobachteten Situationen und Menschen gehen dürfen.

Auf der anderen Seite ist allein schon der Wechsel einer Blickrichtung sehr verlockend.

Immer wieder kommt mir, also auch heute noch, Frau S. in den Sinn, die mit ihren 2 Söhnen in einer winzigen Mansardenwohnung lebte, bestehend aus einem Raum, der als Schlaf-, Wohn- und Esszimmer diente, einer Toilette, einer winzigen Küche mit einem Guss, der gleichzeitig Wasch- und Spülbecken war.

Der große Raum wurde von den drei Betten und einem Schrank dominiert. Das Wohn- und Esszimmer bestand aus einem quadratischen Tisch und drei Stühlen, die in der Mitte des Zimmers standen.

Die Fenster dieses Raums waren drei kleine liegende Dachfenster, die man mit Hilfe eines Flacheisens, in das 5 Löcher gebohrt waren, öffnen konnte.

Ein Metalldorn musste durch eines der Löcher gedrückt werden, um es in einer der fünf Stellungen zu halten. Ein Blick auf die Straße war durch diese Fenster nicht möglich. Der Himmel, Wolken, ab und zu ein Vogel waren durch sie zu beobachten. Und natürlich Regen, Schneefall, aber auch die Unterseite des Schnees, wenn er auf den Fenstern liegen blieb.

Ich war mit dem jüngeren Sohn von Frau S. befreundet. Deshalb kam ich manchmal in diese Dachwohnung, in der er lebte. Einmal sah ich Frau S. an dem kleinen Tisch sitzen, mit dem Rücken zur mir, zur Tür, unter der ich stehe und auf den Freund warte.

Frau S. hat den Kopf in ihre Hände gelegt, die Ellenbogen sind auf der Tischplatte aufgestützt.

Schauer laufen über ihren Rücken wie Wellen und drücken ihren Kopf immer schwerer in ihre Hände.

Mein Freund weiß nicht, was er tun soll. Er drängt zum Aufbruch.

Sicher hätte ein Gasableser noch andere Eindrücke von ihr, so dass ich das Bild dieser gedemütigten, gebeugten Frau relativieren könnte.

Im Nebenhaus wohnte Herr B., ein Maler und Lackierer. Trat er aus dem Haus, um zur Arbeit zu gehen, blieb er für ein paar Augenblicke stehen, klemmte sich seine Brotzeittasche fest unter den rechten Oberarm, holte sich eine Zigarette aus der linken Brusttasche, das Feuerzeug aus der Hosentasche, zündete sich die Zigarette an, schob seine Schiebermütze noch schräger übers rechte Ohr, nahm einen tiefen Zug aus seiner Zigarette, schaute sich um, lächelte und machte sich auf den Weg. Auch nach seiner Arbeit schien er fröhlich, summte häufig eine Melodie, wenn er die Haustür aufschloss.

Und wie wohnt er? Mit welchen Möbeln, Bildern? Wie riecht es in der Wohnung? Läuft das Radio? Ich bin sicher, dass er eines besitzt.

Am 6.12. 1952 waren alle in der Küche, die Eltern, die 4 Geschwister und ich. Das war selten. An Sonntagen und an Weihnachten ja, sonst kaum, auch weil nur mit Mühe 7 Stühle am Tisch untergebracht werden konnten.

Mutter und Vater saßen auf dem alten Sofa, die Geschwister und ich am Küchentisch. Schon vor dem 6. Dezember wurde immer wieder der Nikolaus erwähnt. Es wurde gemunkelt, dass er zu uns kommen könnte, vielleicht sogar mit dem Knecht Ruprecht im Gefolge.

Es war soweit. Ich hörte Ketten rasseln, dann die Haustürglocke, meine älteste Schwester öffnete die Tür, mit schweren Schritten kam der Nikolaus. Er war groß, zudem trug er eine Bischofsmütze, einen weißen Bart, ein weißes Gewand. In den Armen lag ein goldenes Buch.

Hinter ihm schlurfte Knecht Ruprecht in die Küche, gebückt, in Sackrupfen gekleidet, die mit einer Kette als Gürtel zusammengehalten wurden. Die Enden der Kette schleiften über den Boden, ins Klirren mischte sich ein Klingeln, als sie Glied für Glied über die kleine Stufe der Küchentür gezogen wurde. Der Knecht Ruprecht war barhäuptig, seine grauen Haare waren zu einem Zopf geflochten, der ihm auf den Rücken lag.

Der Nikolaus hieß mich nach vorne zu kommen, mich neben ihn zu stellen. Auch mein ältester Bruder sollte vortreten.

Ich musste ein Gebet sprechen.

Dann schlug der Nikolaus das goldene Buch auf, zählte Vergehen und Sünden auf, schaute mich an, nickte, meinte, dass ich ja öfter brav gewesen wäre als böse, wenn sich dies aber änderte, würde es mir wie meinen Bruder ergehen.

Knecht Ruprecht öffnete seinen Sack, der Nikolaus griff mit einer Hand auch nach dem Sack und mit der anderen nach meinem Bruder und befahl ihm, in den Sack zu steigen.

Mein Bruder spielte mit, Peinlichkeit war ihm ins Gesicht geschrieben.

Der Sack wurde hochgezogen, ich wusste alles über die Enge, den Geruch, spürte die heiße Angst hoch steigen, bald werde ich mich nicht mehr bewegen können, ich schnappe nach Luft, ich will atmen, verliere jede Kontrolle, stürze mich auf den Sack, reiße ihn dem Nikolaus und seinem Knecht aus den Händen, schlage auf beide ein, reiße dabei den weißen Bart ab, die Bischofsmütze fällt auf den Boden, ich erkenne OK, ich schreie, bis ich erschöpft bin und nur noch schluchzen kann.

Es wurde nie über diesen Abend gesprochen.

Er wurde keine Anekdote.

Mir geht er nicht aus dem Kopf.

Offene Fragen.

OK besaß ein Moped.

Einen Schnepperer für die, die ihm das Fahrzeug nicht gönnten oder es „Wie-ein-will-und-kann-nicht" fanden.

Nach dem Abendessen holte er, so oft wie möglich, das Moped aus einer Holzlege im Hof, schob es durch den Hausflur auf die Straße und fuhr in den Haupts-moorwald.

Meine Großmutter und ihre Schwester hatten für diesen Wald einen Holzleseschein. So durften sie straffrei Bruchholz sammeln bis zur Stärke eines Kinderarms und Tannen- und Kieferzapfen, die zum Anschüren der Öfen dienten.

In den Ferien musste ich die beiden begleiten, denn die Kieferzapfen waren vor allem für meine Familie gedacht. Sie wurden zuhause in einer Kammer unter dem Dach gelagert, neben der Wohnung der Familie W., in der 6 Kinder und die Eltern ihr Daheim hatten. Eines der Kinder, H., hatte einen Herzfehler und starb noch vor seiner Kommunion.

In der Wohnung der Familie W. war es zumeist so still, dass ich in unserer Dachkammer das Knistern hören konnte, wenn sich die Deckschuppen der Zapfen wegen der Wärme unter dem Dach aufstellten und öffneten, um ihre Samen freigeben zu können.

Ich lauschte gern diesem Knipsen und Knistern.

Jedes Jahr war der kleine Verschlag mit dem Brennmaterial aus dem Wald aufzufüllen.

Diese Sammeltage waren schöne Ferientage. Den geliehenen Leiterwagen zogen wir hinauf bis zur Kunigundenruh.

Es wurde wenig während der Sammelarbeit gesprochen.

War einer der sieben Jutesäcke gefüllt, wurde eine Feldflasche aus Aluminium herumgereicht. Der Tee war noch lauwarm, auch weil die Flasche mit Filz ummantelt war.

Waren vier Säcke aufgeladen, machten wir unsere Mittagspause, um die mitgebrachten Schmelzkäsebrote zu essen.

Wir rasteten immer an der gleichen Stelle am Rand einer Lichtung. Wir saßen an Kieferstämme gelehnt, hatten Schuhe und Strümpfe ausgezogen und bohrten unsere Zehen so tief in den warmen Sand, bis wir spürten, dass er kühler und feuchter wurde.

Quer über die Lichtung lief ein alter, kaum noch erkennbarer Pfad. Ich war mir sicher, dass OK diesen Pfad kennt und ihn bei seinen abendlichen Waldbesuchen überquert, um nachzusehen, ob die Stieglitze immer noch ihre alten Nistplätze besitzen, um im Frühjahr einen Jungvogel aus dem Nest nehmen zu können, wenn der Vogel zuhause verstorben war.

Flugunfähig wie der Nestling in seinem Daunenkleid war, wurde er wohl von OK in eines seiner großen

Schnupftaschentücher geschlagen und vorsichtig in die Satteltasche des Mopeds gelegt.

„Ein Vogel im Käfig weiß im Frühling sehr wohl, wozu er taugt, weiß sehr wohl, dass er etwas tun kann, aber er kann es nicht tun. Was ist es doch? Er kann sich nicht daran erinnern, dann kommen ihm unbestimmte Vorstellungen… dann prallt er mit dem Kopf an die Stäbe des Käfigs, und der Käfig bleibt. Und der Vogel ist wahnsinnig vor Schmerz."

Vincent van Gogh

Ich habe nicht das Türchen am Vogelbauer geöffnet, um den Stieglitz durch die Balkontür in die Freiheit fliegen zu lassen.

Der Vogel hatte nicht einmal Lockrufe von seinen Eltern lernen können, um durch sein Rufen vielleicht eine Anklage oder Hoffnung auszudrücken.

Den Nikolaustag mache ich OK nicht zum Vorwurf, er erfüllte einen Wunsch meiner Familie, weil er ein großes Bilanzbuch als Gasableser besaß, das sich leicht mit Goldpapier in ein Himmelsbuch verwandeln ließ, ein altes Chorhemd war leicht auszuleihen, ebenso Bart und Mütze. Zudem kannten nur wenige seine Stimme.

Wir zogen nach dem Mittagessen Strümpfe und Schuhe wieder an, füllten die restlichen drei Säcke mit den Kieferzapfen und traten den langen Heimweg an.

Bergab konnte ich die Großmutter manchmal überreden, mich oben auf die Säcke setzen zu dürfen.

In der Nacht träume ich gern vom Wald.

Nachdem die Kinder aus dem Haus gegangen waren, zogen OK und seine Frau in eine kleinere Wohnung ohne Balkon, ohne Blick auf Bäume.

OK, jetzt in Rente, verkaufte das Aquarium. Der Stieglitz war schon Wochen vor dem Umzug verendet. OK holte keinen Nestling mehr aus dem Wald.

In seiner neuen Wohnung sah er stundenlang am Nachmittag aus dem Wohnzimmerfenster auf die belebte Straße.

Am Abend wurde der neue Fernseher eingeschaltet.

Das Bier wurde immer donnerstags geliefert. Ein paar Worte mit dem Bierfahrer.

Seine Frau starb kurz nach dem Tod meiner Mutter. In diesen Familien ist niemand alt geworden.

OK nahm jetzt kaum noch feste Nahrung zu sich.

Ein Bein musste abgenommen werden.

Er saß jetzt am Morgen und am Nachmittag im Rollstuhl vor dem Wohnzimmerfenster und am Abend vor dem Fernseher.

OK verlor sein zweites Bein.

Auch wenn ich etwas gewusst hätte von diesem Lebensende, weiß ich nicht, ob ich ihn besucht hätte.

Worüber hätten wir sprechen können?

Einmal sagte jemand zu mir hinter vorgehaltener Hand, OK hätte böse Wörter gesagt, als es zum Sterben ging.

Zwei Monate und einen Tag nach der Beerdigung von M., ihrem Lebenspartner, unternahm Esther Kinsky allein eine Reise nach Italien, die noch als gemeinsame Reise geplant war.

In ihrem Buch „Hain" beschreibt sie diese Reise, bei der sie vor allem Orte aufsuchte, die dem Tod und der Vergänglichkeit gewidmet oder zugewandt waren. Sie fotografierte, machte sich Notizen.

Am Ende der Reise, beim Einpacken der unentwickelten Filme, entdeckte sie in der Fototasche vier Negative, an die sie sich nicht mehr erinnern konnte. Sie hielt sie gegen das Fenster, gegen das Licht und erkannte auf ihnen ihren verstorbenen Partner vor dem Panorama einer Flusslandschaft an der Themse und zugleich vor dem Panorama, das sich vor ihrem Reisedomizil in Italien ausbreitete:

„Ich hielt die Negative immer wieder hoch in das Licht… entzifferte die Augenblicke der Vergangenheit, bis diese Schrift der winterlich aufstrebenden Zweige wie ein Wahrzeichen über diesem kleinen Kapitel aus meinem Leben mit M. stand, das sich hier wieder aufblätterte."

OK steht nicht mehr auf der Eisenbahnbrücke.

An der Zufahrtsstraße zur Brücke stehen Bauzäune, hinter denen Gebäude in die Höhe wachsen.

Die Eisenbahnbrücke soll abgerissen und neu aufgebaut werden im Zuge des Ausbaus der ICE-Strecke zwischen Berlin und München.

Lange Zeit nach dem Tod von OK, ich hatte begonnen, Notizen über unsere Beziehung zu machen, wollte ich sein Grab aufsuchen.

Ich fand keine Hinweise auf ihn, fand nicht seinen Namen, fand keinen Geburts- und keinen Sterbetag, weder auf der Vorderseite, noch auf der Rückseite eines Grabsteins.

3. Raum

Ein Vormittag am Meer

Fischland / Darß

Urlaubsbilder

I
Ahrenshoop – 6 Uhr
9 Uhr Aufbruch nach Dierhagen

Als ich aus dem Haus ging
empfing mich eine große Stille
eine weite silbergraue Fläche
aus den Wassern
des Boddens des Meeres und dem Dunst
des Morgens hinter dem man
das Licht schon weiß

noch ungeteilt schienen Land und Meer
und im Wasserstaub hoffte ich Silben zu finden
von Wörtern die mir auf der Zunge liegen
seit ich das erste Mal auf der engen Taille
dieses schmalen Landes stand
zwischen Wustrow und Ahrenshoop
von Meer und Bodden berührt
und verzaubert

doch ich fürchte
dass diese Wörter bestenfalls in einem Traum
von dem nur Bruchstücke erinnerlich sein werden
aufblitzen
um eine Sehnsucht zu nähren
die verhindert die Suche aufzugeben.

Wir aber fahren
gegen 9 Uhr
über Wustrow nach Dierhagen
um fangfrischen Fisch im Hafen zu kaufen
vorbei an Aldi und Edeka
hinein
in die Kulissen eines leeren Ortes
am Morgen nach der letzten Spielzeit.

II

Dierhagen – Parkplatz am Hafen

Unter der Maske der Vogelkundigen
finden die Arbeitslosen endlich
einen späten Schlaf im Schilf

im menschenleeren Ort lasen sie
am weißen Morgen
Hinweise
zu Veranstaltungen vergangener Jahre

drei Unvermittelbare kratzen
für einen Euro pro Stunde
Gras aus dem Schotter
des Parkplatzes am Hafen

in den Arbeitspausen stützen sie sich
auf die langstieligen Arbeitsgeräte
ohne vom Boden aufzublicken

über Himmel und Steppen Afrikas
schauten die Hirtenkrieger der Massai
gelehnt auf Speer und Hütestab

so sah ich sie als Kind
auf den Sammelbildern
„Die Völker der Welt"

dabei stellte ich mich
wie sie nur auf ein Bein
um so wie sie zu sein.

III

Dierhagen – Blick auf den Hafen

Aus Gewohnheit
domestizierter Sehnsucht

zuerst
einen Blick
über den Hafen

drei alte Zeesboote liegen hier
zwei in einem der beiden Hafenbecken
eines in der Hafenausfahrt

dahinter die weite Fläche
aus dem Wasser des Boddens
dem Dunst und dem Licht
des weißen Morgenhimmels

und
oben rechts
schickt sich die Sonne an
vor den hellen Vorhang zu treten.

IV

Dierhagen Hafen – Schwalben

Ich gehe über die feuchten Holzbohlen
auf die Hafenbecken zu

höre
ein Zwitschern ein Tirilieren
gehe hinein
in diese Fröhlichkeit

in der drei
Handvoll Schwalben mit weißer Brust
über dem Wasser sitzen
auf einem Schiffstau
stark wie ein Arm

ich komme
sie fliegen auf

so klein
sind noch ihre Flügel

sie umfliegen mal den einen
mal den anderen Mast
der beiden Zeesboote

fliegen
zwitschern Reigenlieder
fliegen
Girlanden
schwarze und weiße

und verstummen
wie auf ein Kommando

steigen hoch
ziehen landwärts

zurück bleiben
Schatten
eine taube Stille

V

Dierhagen – Hafenausfahrt

Auf dem Bootssteg
sitzen drei Sturmmöwen
mit gelben Schnäbeln
reglos auf dem Geländer

sie blicken
auf das Zeesboot
das in der Hafenausfahrt liegt

aufgezogen
sind Großsegel und Gaffeltop
eine schwarze Silhouette vor dem Licht

ein leichter Wind bewegt
gleichmäßig
das schwere Tuch der Segel

Unruhe
im großen Uhrwerk

ich gehe
auf das Zeesboot zu
trete in den
Schatten der Segel
lese ZH 14
oben auf dem Großsegel
nahe am Mast
der glänzend lackiert ist
herausgeputzt das ganze Boot

kein Mensch ist zu sehen
weder Steuermann noch Passagier
noch Eigner

ein fauler Geschmack
überständiger Träume
sinnloser Rituale
breitet sich aus im Mund

der so keine Grenzen mehr sprengen wird.

VI

Dierhagen – die fünf Alten vor dem Schuppen

Ich drehe mich um
trete aus dem Schatten von ZH 14

sehe
weiße und hellrote Fähnchen
gebleicht von Sonne Wasser und Wind
lehnen
am Stamm einer abgestorbenen Kopfweide
an der auch eine Reuse befestigt ist
die sich hinüber zieht
bis zu der rotbraunen Mauer eines Schuppens

eine Bank steht an der fensterlosen Wand
auf der fünf Alte sitzen
drei Männer und zwei Frauen

sie sitzen so eng
dass sie sich an den Schultern
und an den Oberschenkeln berühren
die beiden Alten links außen
fassen sich verstohlen an den Händen
als ob sie ein Geheimnis teilten
ein sorgsam zu hütendes
auch vor den drei anderen
die es längst kennen

die Morgensonne
macht alle lächeln und still sein
so lässt es sich schweigen über die Kälte
der vergangenen Nacht

sie halten ihre Augen geschlossen
bis auf den Alten in der Mitte
der sich vorgebeugt hat
und hinunter zum Zeesboot schaut

seine Hände liegen übereinander
auf dem silbernen Griff
seines Gehstocks

der Griff ist eine lebensgroße
Nachbildung eines Schwanenkopfes
die ich kenne
vom Spazierstock
eines väterlichen Freundes
der meine Mutter begleitet hat
als Arzt und Vertrauter
in der Zeit ihres Siechtums

wir haben miteinander gesprochen
über das Altern
und das Sterben

oft auch von seiner Neugier
auf den Tod

und noch früher
riet er mir
Kleist zu lesen
als ich Hemingway verschlang
und mir Schreibkniffe
aus „Paris, ein Fest fürs Leben"
notierte

und jetzt spielt er hier
mit dem Gedanken
ZH 14
könnte ihn über den Styx fahren
hinüber
zu dem alten Friedhof von Prerow

ja
es würde ihm gefallen
herauszufinden
was wohl geschähe

wenn er sich für den Fährmann
keine Münze
unter die Zunge legte

nein
er stirbt jetzt nicht
er ist schon Jahre tot

alles Schreiben
ist ein Erinnern

genau wie bei dem Alten
der rechts außen sitzt
etwas zu dick
wie zu Lebzeiten

fleischlich ein Genießer
Zigarren Rotwein
aber vor allem
die Musik

alles zur höheren Ehre Gottes

schwebt er lächelnd
zwischen Himmel und Erde

ich sah ihn zuletzt
an einem Frühlingstag
in der lichtdurchwirkten Lindenallee
des Heinrichsdamms in Bamberg
gehen stehen
die Lippen spitzen

verweilen
eine Melodie summen

ich betrachtete ihn lange
bevor ich es wagte
ihn zu grüßen

und er lächelte
erkundigte sich nach meinem Leben

und schloss wieder seine Augen
als er von der Musik sprach
als ob man dabei
tief in sich hinein lauschen müsste
genau wie jetzt

wenn er der zierlichen Dame
neben sich
die Hand auf den Arm legt

er weiß
wie groß ihre Angst
um die kleinen Schwalben ist
die jetzt aufbrechen müssen
zu ihrer großen Reise
nach Afrika

er fragt sie
was wäre die Alternative

so haben sie eine Chance
und sie nickt

und er nimmt ihr Seufzen
mit hinein in die Musik
in den Klangteppich
an dem er arbeitet.

VII

Rückfahrt nach Ahrenshoop

Kurz nach 10 Uhr
fährt der Fischer in den Hafen ein

seinen Fang hievt er
in blauen und roten Plastikkisten
auf den Steg

wir kaufen
einen fangfrischen Zander

während die Unvermittelbaren weiter
auf dem Parkplatz das Unkraut
aus dem Schotter kratzen
steigen wir ins Auto ein

fahren
über Wustrow
zurück nach Ahrenshoop
über die schmale Taille des Darß
zwischen dem Bodden rechts
und links dem Meer.

Buchveröffentlichungen

Mit roter Tinte
(Gedichte)

Windschattenspiele
(Gedichte)

Vom kleinen Elefanten
mit dem zu langen Rüssel
52 Freitagsabendgeschichten
(Kinderbücher, 2 Bände)

Nickel kommt in
die Bahnhofsstraße 47
(Kinderbuch)

Erinnerungsraum Bamberg
- camera obscura -
(Lyrik und Prosa)